BEI GRIN MACHT SICH IHR WISSEN BEZAHLT

Bibliografische Information der Deutschen Nationalbibliothek:

Die Deutsche Bibliothek verzeichnet diese Publikation in der Deutschen National-
bibliografie; detaillierte bibliografische Daten sind im Internet über http://dnb.d-
nb.de/ abrufbar.

Impressum:

Copyright © 2001 GRIN Verlag, Open Publishing GmbH
Druck und Bindung: Books on Demand GmbH, Norderstedt Germany
ISBN: 9783640502714

Dieses Buch bei GRIN:

http://www.grin.com/de/e-book/382/eyecheck-2b5-analyse-und-bewertung

Marcel Loos

EyeCheck 2b5 - Analyse und Bewertung

GRIN Verlag

GRIN - Your knowledge has value

Der GRIN Verlag publiziert seit 1998 wissenschaftliche Arbeiten von Studenten, Hochschullehrern und anderen Akademikern als eBook und gedrucktes Buch. Die Verlagswebsite www.grin.com ist die ideale Plattform zur Veröffentlichung von Hausarbeiten, Abschlussarbeiten, wissenschaftlichen Aufsätzen, Dissertationen und Fachbüchern.

Dokumentation

Eyecheck

von

Dirk Hübinger
Frank Plum

Dokumentiert im Rahmen der Lehrveranstaltung „*Wissensbasierte Systeme*" von

Joanna Odoj
Marcel Loos

Inhaltsverzeichnis

1.	**Einführung**	**3**
1.1	Produkt- und Herstellerdaten	
1.2	Verwendung der Software	
2.	**Leistungsumfang von EYECHECK**	**3**
2.1	Netztypen	
2.2	Funktionen	
2.3	Zusätzliche Software	
2.4	Sonstiges	
3.	**Bedienung**	**5**
3.1	Installation	
3.2	Benutzeroberfläche	
3.3	Menü	
	3.3.1 File	
	3.3.1.1 Neuronal Net	
	3.3.1.2 Description	
	3.3.2 Mode	
	3.3.3 Options	
	3.3.4 View	
	3.3.5 Help	
3.4	Hilfe	
3.5	Dokumentation	
4.	**Anwendung der Software**	**7**
4.1	Allgemein	
4.2	Vorbereitung	
4.3	Konvertierung	
4.4	Neues Netz anlegen	
4.5	Netz lernen	
4.6	Netz anzeigen	
4.7	Netz ausführen	
4.8	Netz Output	
4.9	Ergebnisse	
5.	**Bewertung der Software**	**13**
5.1	Leistungsumfang	
5.2	Bedienung	
	5.2.1 Installation	
	5.2.2 Benutzeroberfläche	
	5.2.3 Menü	
	5.2.4 Hilfe	
	5.2.5 Dokumentation	
5.3	Zuverlässigkeit der Software	
5.4	Interaktivität	
5.5	Resultate	
5.6	Bewertungsübersicht	
6.	**Zusammenfassung**	**16**

1. Einführung

1.1 Produkt- und Herstellerdaten

Produktname:	EYECHECK
Version:	2 b5
Plattform:	Windows 95
	Lauffähig unter:
	Microsoft Windows 98
	Microsoft Windows ME
	Microsoft Windows NT 4.0
	Microsoft Windows 2000
Festplattenspeicher:	ca. 7 MB
Preis:	Freeware

Autoren: Dirk Hübinger
          Frank Plum

Homepage: http://programmierer.freepage.de/eyecheck/index.html
Email: dirk.huebinger@gmx.de

1.2 Verwendung der Software

EYECHECK ist ein Programm zum Testen Neuronaler Netze aus dem Bereich der Mustererkennung. Unter der Voraussetzung, dass die Bilder ei   ne einheitliche Größe haben, wurden Passbilder als Eingangsgrößen gewählt. Während des Lernprozesses soll das Netz einen Teil des Eingangsbildes, die Augenpartie, lernen. Dabei sollen Autoassoziative Netze dieses Bild als Ausgang rekonstruieren und Heteroa   ssoziative Netze eine Zahl, die durch einen 16 -Bit-Vektor dargestellt wird. Dieser Ausgang dient anschließend zum Finden und Darstellen des kompletten Bildes.

2. Leistungsumfang von EYECHECK

2.1 Netztypen

EYECHECK unterstützt folgende Netztypen:

?? **BAM**
      Bidirektionaler Assoziativspeicher (Kosko- Netz) mit hebbscher Lernregel
?? **BAM (mit GAV)**
      Bidirektionaler Assoziativspeicher mit dem Gradientenabstiegsverfahren zur Bestimmung des Gewichtsvektors.

?? **BAM (mit PSI)**
Bidirektionaler Assoziativspeicher mit Bestimmu   ng der Gewichtsvektoren durch Bildung der Pseudoinversen

?? **BAM Sigma-Pi**
Bidirektionaler Assoziativspeicher mit Neuronen höherer Ordnung und verallgemeinerter hebbscher Lernregel

?? **Hopfield**
Hopfield- Netz mit hebbscher Lernregel

?? **Hopfield Sigma-Pi**
Hopfield- Net   z mit Neuronen höherer Ordnung und verallgemeinerter hebbscher Lernregel.

2.2 Funktionen

EYECHECK unterstützt im Weiteren folgende Funktionen:

?? Generieren von Zufallsbildern mit variabler Punktdichte und automatisches Lernen.

?? Netzeingangsbild durch Stör   ungen verfremden, Bereiche löschen oder schwärzen.

?? Nach dem Ausführen wird der Fehler zwischen Netzausgang und allen gelernten Ausgangsbildern angezeigt.

?? Einzelschritt- Ausgabe im Ausführmodus, optional mit farbiger Darstellung der Veränderungen.

?? Graphische Darstellung des Gewichtsvektors bei Netzen mit McCulloch   -Pitts-Neuronen.

?? Speichern und Laden eines gelernten Netzes.

?? Speichern ausschließlich der Beschreibung der Assoziationen, diese kann unter verschiedenen Netztypen geladen werden. Die Assoziationen   werden dann automatisch gelernt.

?? Netzspezifische Eigenschaften wie zusätzliche Parameter zur Steuerung des Lernvorganges beim Gradientenabstiegsverfahren und zur Steuerung des Ausführmodus bei Hopfield- Netzen.

2.3 Zusätzliche Software

EYECHECK verarbeit et Bilder im TXT   - Format. Die entsprechenden Tools zur Konvertierung vom PCX in das TXT   - Format werden mitgeliefert. Mittels des DOS   - Programms CONVERT ist es möglich Passbilder in das entsprechende TXT   - Format umzuwandeln. Dabei bietet CONVERT   weitere Mög   lichkeiten zur Bearbeitung. So können beispielsweise die Bildausschnitte der Augenbereiche ebenfalls mit diesem Programm angefertigt werden. Eine kurze Bedienungsanleitung findet sich am Ende der Originaldokumentation zu   EYECHECK (Kapitel 1.5.2.2) entsprec   hende Anwendungsbeispiele sind ebenfalls angegeben (Kapitel 1.5.2.2.1). Um eine Kompatibilität zur früheren Version von   EYECHECK zu gewährleisten, werden zwei DOS - Programme (TXTTOOLD und OLDTOTXT) benötigt, die sich ebenfalls im Lieferumfang von EYECHECK befinden.

2.4 Sonstiges

Für erste Versuche mit dem Programm werden zwei vorgelernte Netze, sowie die
entsprechenden Bilder und Ausschnitte der Augenpartien im PCX als auch im TXT   - Format
mitgeliefert.

3. Bedienung

3.1 Installation

Es handelt sich um   eine benutzergeführte Installation, die die Möglichkeit bietet, den
Installationspfad zu wählen. Eine Eintragung in das Startmenü erfolgt automatisch. Die
Deinstallationsroutine wird ebenfalls vom Programm mitgeliefert. Bei der Installation unter
Windows 98/ME sind keine Probleme aufgetreten. Nach der Installation stehen im Startmenü
im Verzeichnis ‚EyeCheck' folgende Optionen zur Auswahl:

        𝕖𝕖 EyeCheck   führt das Programm aus
        𝕖𝕖 EyeCheck help   Hilfe zu EYECHECK
        𝕖𝕖 EyeCheck documentation   Dokumentation
        𝕖𝕖 Uninstall   Programm deinstallieren

3.2 Benutzeroberfläche

Abb. 1: Benutzeroberfläche <<Eyecheck>>

Die Benutzeroberfläche entspricht dem Windows   - Standard. Das Programm bietet sowohl Titelleiste, Menüleiste, Symbolleiste als auch Statusleiste. Das Hauptfenster   ist in 4 Bereiche (Ansichtsfenster) aufgeteilt, deren Größe durch den Benutzer mittels Maus verändert werden können.

In den Ansichtsfenstern werden folgende Informationen angezeigt:

Ansichtsfenster	Darstellung
1	*Assoziations- Ansichtsfenster* 🖎 Gelernte Assoziationen bestehend aus dem Netzeingang (Input) und dem Netzausgang (Bitvektor hier als Zahl dargestellt), der als Schlüssel, zum Auffinden des Anhangs (Link), dient.
2	*Link- Ansichtsfenster* 🖎 Darstellung des mit dem Netzausgang verknüpften Bildes (Anhang)
3	*Single Step- Ansichtsfenster* 🖎 Während des Ausführmodus werden hier die einzelnen Zwischenbilder ausgegeben (Einzelschritt). 🖎 Kann mittels der Symbolleiste deaktiviert werden.
4	*Input- Ansichtsfenster* 🖎 Darstellung des Netzeingangsbildes

3.3 Menü

Das Menü ist in englischer Sprache. Das Programm ist benutzerfreundlich gestaltet. Daher gibt es nach einer kurzen Einarbeitungszeit keine großen Probleme hinsichtlich der Bedienung.

3.3.1 File

Der Menüpunkt enthält folgende Optionen:

🖎 *New*:	Neues Netz anlegen
🖎 *Neuronal Net*	
🖎 *Description*	
🖎 *Net in Use*:	Daten eines Netzes anzeigen, des weiteren besteht die Möglichkeit Assoziationen mit Zufallsbildern zu generieren
🖎 *Exit*:	Programm beenden

3.3.1.1 Neuronal Net

✍ *Open*:   Vorhandenes Netz öffnen
✍ *Save*:   Netz speichern
✍ *Save as*:   Netz unter neuem Namen speichern

3.3.1.2 Description

✍ *Read Description*: Assoziationen aus einer Datei lesen
✍ *Write Description*: Assoziationen abspeichern

3.3.2 Mode

Folgende Funktionen sind aufrufbar:

✍ *Recall*:   Das Netz mit einem Eingangsbild ausführen lassen
✍ *Learn*:   Netz eine Assoziation lernen lassen
✍ *Info*:   Anzeigen einer Assoziation, Anhang ggf. ändern
✍ *Show Net*:   Gewichte des Netzes graphisch anzeigen lassen
✍ *Activate*:   Assoziationen werden erst gelernt, wenn , ACTIVATE'
                        eingeschaltet ist

3.3.3 Options

Folgende Funktionen sind aufrufbar:

✍ *Noise Input*:   Wenn aktiv, Verfremdung der Eingangsbilder vor Ausführung
✍ *Single Step*:   Anzeigen der Zwischenschritte der Ausführung
✍ *Color Difference*: Veränderung der einzelnen Zwischenschritte farbig darstellen
✍ *Draw Link*:   Anzeigen des gefundenen Anhangs nach Ausführung
✍ *Output Box*:   Anzeige des Fehlers zwischen Netzausgang und allen gelernten
                        Ausgangsbildern
✍ *Cache Settings*: Zahl der zu cachenden Bildern ändern

3.3.4 View

Folgende Ansichten lassen sich ein- bzw. ausschalten:

✍ *Toolbar*:   Werkzeug bzw. Symbolleiste ein-/ ausschalten
✍ *Statusbar*:   Statusleitse ein-/ ausschalten
✍ *Heading Bar*:   Bildüber- und Bildunterschriftenzeile ein-/ ausschalten

3.3.5 Help

Es stehen die folgenden Hilfen zur Verfü gung:

   Index: Hilfe zu EYECHECK anzeigen
   About Eyecheck: Informationen über EYECHECK

3.4 Hilfe

Die Hilfe ist, im Gegensatz zum Menü, in deutscher Sprache. Auch hier wurde der Windows   -
Standard verwendet. Eine Online - Hilfe informiert den Benutzer in   der Statusleiste über die
Funktion des entsprechenden Symbols in der Symbolleiste, wenn er dieses mit der Maus
ansteuert.
Das Hilfefenster wird durch Betätigen der Taste F1 geöffnet. Die Hilfe selbst ist klar
strukturiert und einfach zu bedienen.

3.5 Dokumentation

Nach der Installation von   EYECHECK wird eine Dokumentation der Autoren im   WORD-
Format dem Benutzer zur Verfügung gestellt. Die Dokumentation selbst entspricht der Hilfe   -
Funktion von EYECHECK.
Dargestellt werden grundsätzliche Dinge wie Bedienu   ng sowie erste Schritte mit dem
Programm selbst.

4. Anwendung der Software

In diesem Kapitel soll anhand eines Beispiels die Anwendung der Software dokumentiert
werden.

4.1 Allgemein

Als Input - Bilder wurden Passbilder der Professoren der Fachhochsch   ule Fulda, Fachbereich
AI, gewählt.

4.2 Vorbereitung

Wie bereits in   Kapitel 2.3 erwähnt wurde, verarbeitet   EYECHECK das TXT - Format. Dazu
werden die Bilder mit einem Grafikprogramm entsprechend angepasst um   später konvertiert
zu werden. Die Anpassung bezieht sich sowohl auf die Abmessungen des Bildes, als auch auf

die Anzahl der Farben. Zu den genauen Abmessungen der Bilder wurde in der Dokumentation zu EYECHECK nicht weiter eingegangen. Bei einer Abmessung   von 272 x 342 Pixel konnte die Konvertierung ohne Probleme durchgeführt werden. Die Anzahl der Farben ist auf 256 festgelegt.

Abb. 2: Ausgangsbild (PCX- Format)

4.3 Konvertierung

Die Konvertierung der Bilder in das TXT   - Format erfolgt über das mitge   lieferte DOS - Programm CONVERT. Durch die Angabe verschiedener Parameter können weitere Funktionen aufgerufen werden (siehe hierzu auch Originaldokumentation Kapitel 1.5.2.2.1). Die Konvertierung erfolgt über die Kommandozeile

```
convert [quelle.pcx] [ziel.txt]
```

Anschließend wird das Ausgangsbild angezeigt. Wird das Bild nicht korrekt angezeigt, muss evtl. die Abmessung des Ausgangsbildes angepasst werden, da ansonsten die TXT   - Datei Fehler enthält.

Die Ausschnitte der Augenpartien erfolgt ebenfalls mit   CONVERT. Dazu müssen lediglich die entsprechenden Parameter in die Kommandozeile hinzugefügt werden. Die Kommandozeile

```
convert [quelle.pcx] [ziel2.txt] /c101 031 /m
```

erlaubt es dem Benutzer den Mittelpunkt des Ausschnittes mit der Maus festzulegen. Die von EYECHECK vorgegebene Größe des Ausschnitts von 101 Spalten und 31 Zeilen wird somit automatisch festgelegt. Auch hier ist darauf zu achten, dass das Kontrollbild korrekt angezeigt wird.

4.4 Neues Netz anlegen

Über das Menü FILE -> NEW bzw. über das entsp rechende Symbol in der Symbolleiste wird ein Dialog geöffnet, indem der Benutzer die Angaben zum Netz eingeben kann.

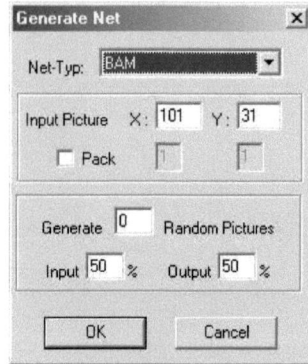

Abb. 3: Neues Netz anlegen

Es können hier folgende Einstellungen vorgenommen werden:

✍ NET-TYP:	siehe Kapitel 2.1
✍ INPUT PICTURE:	Abmessung der Eingangsbilder (Augenpartien)
✍ PACK:	Komprimieren der Bilder um den eingegebenen Faktor um Fehler bei der Initialisierung zu vermeiden
✍ GENERATE RANDOM PICTURES:	Lernen von Zufallsbildern (wird nicht weiter betrachtet)

Als Netztyp wird nachfolgend „Hopfield" verwendet.

4.5 Netz lernen

Nach dem Anlegen des Netzes kann diesem eine Assoziation gelernt werden. Dazu wird in der Symbolleiste LEARN bzw. über das Menü MODEL -> LEARN der entsprechende Dialog aufgerufen.

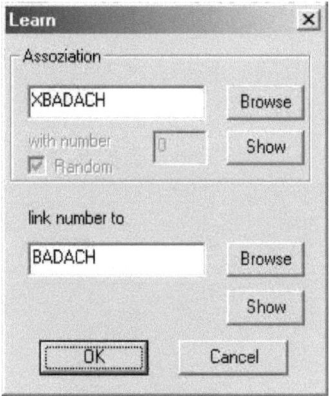

Abb. 4: Assoziation lernen

In das Feld ‚ASSOZIATION' wird das Eingangsbild eingegeben.
Das Feld ‚LINK NUMBER TO ' kann mit einer TXT - Datei oder
auch mit einem Bild im PCX - Format verknüpft werden, welches
später als Ergebnis des Ausführmodus mit angezeigt wird. Durch
die BROWSE- Buttons können die entsprechenden Dateien
bequem ausgewählt werden. Die SHOW- Buttons ermöglichen
eine zusätzliche Kontrollmöglichkeit, indem die entsprec henden
Bilder noch einmal angezeigt werden (siehe Abb. 5 und 6).

Abb.5: Kontrollbild 1„Augenpartie"

Abb. 6: Kontrollbild 2 „komplett"

Dieser Vorgang wird nun solange wiederholt, bis alle Bilder eingegeben wurden. Die
entsprechenden Eingaben sind im Ansichtsfenster 1 ersichtlich. Durch Doppelklick werden
die Input- Bilder und deren Anhang in den entsprechenden Fenstern angezeigt.

4.6 Netz anzeigen

Eyecheck bietet dem Benutzer die Möglichkeit, sich das Netz anzeigen zu lassen. Dazu klickt
man in d er Symbolleiste bzw. in der Menüleiste MODE -> SHOW NET.

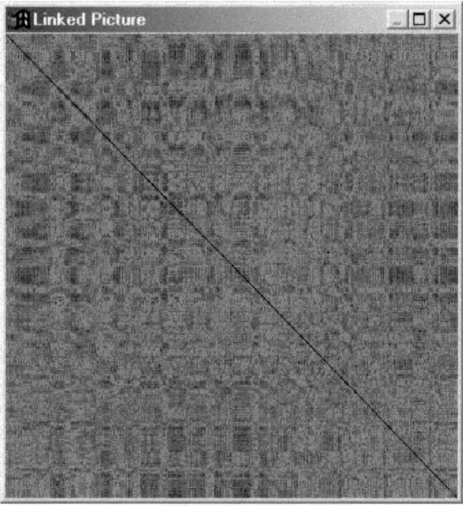

Abb. 7: Netzansicht

4.7 Netz ausführen

Durch den RECALL- Aufruf wird das Netz ausgeführt.

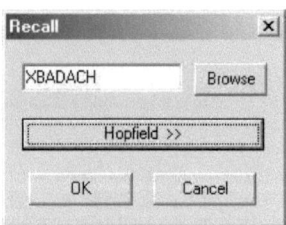

Abb. 8: <<Recall>> Dialog

In das Textfeld wird der Name der TXT   - Datei, welche die Informat   ionen der Augenpartie
enthält, eingetragen zu der das entsprechende Bild gesucht werden soll. Die Auswahl kann
auch hier durch den Button   BROWSE erfolgen. Bei dem „Hopfield" Netz besteht zudem noch
die Möglichkeit netzspezifische Einstellungen vorzunehmen.

Der „Select Neuron"- Breich gibt an wie der Netzausgang berechnet werden soll:

✍ *In order*
  Die Neuronen werden der Reihe nach ausgewählt und der jeweilige Ausgang berechnet.

---

stochastic
Ein Neuron wird zufällig ausgewählt und sein Ausgang berechnet.
synchron
Die Ausgänge aller Neuronen werden berechnet und dann gemeinsam als Eingang für die nächste Berechnung verwendet.

Wird „Simulated Anealing" gewählt, so können in dem unteren Bereich die Vorgabewerte geändert werden.

Temperature
Mit dieser Temperatur wird das Simulated Anealing gestartet.
Cool Down
Die Temperatur wird je Zyklus um den angegebenen Prozentwert erniedrigt.
Grow Stiff
Beim Erreichen der Erstarrungs-Temperatur terminiert das Reproduktionsverfahren.
Count To
Ist die Erstarrungs-Temperatur noc h nicht erreicht, so terminiert das Reproduktions-
verfahren beim Erreichen der maximalen Anzahl an Zyklen

Für den weiteren Vorgang werden die Einstellungen „Simulated Anealing" mit den folgenden Parametern gewählt:

Temperature: 10
Cool Down: 10
Grow Stiff: 1e-005
Count to: 300
(siehe hierzu auch Abb. 9)

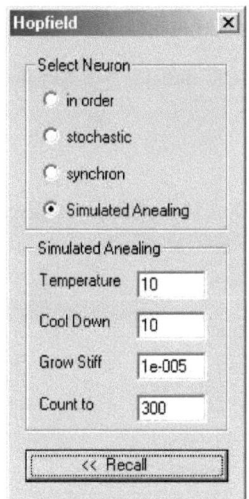

Abb. 9 <<Hopfield>> Dialog

Durch Klick auf den   RECALL- Button gelangt man zurück zur   RECALL- Dialogbox. Nach
Bestätigung durch den   OK- Button hat der Benutzer in der   NOISE- INPUT Dialogbox (Abb. 10)
die Möglichkeit das Bild zu verfremden.

Hier kann sowohl der Grad (in %) als auch die Art der Störung angegeben werden.

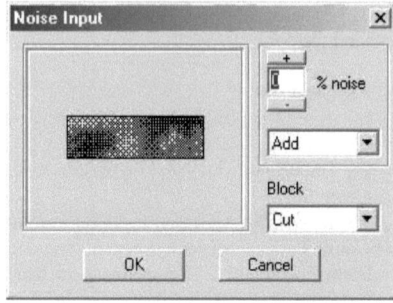

✍ Add
   Originalbild wird ‚verschneit', Bild der
   Störquelle ist ein Bild mit zufällig gesetzten
   und gelöschten Punkten.
✍ Clear
   Schwächt die   Information des
   Originalbildes, schwarze Punkte werden
   zufällig gelöscht
✍ Add (Equal)
   Siehe ‚Add'; Verhältnis der Anzahl
   schwarzer und weißer Punkte des
   Eingangsbildes bleibt erhalten

Abb. 10 : <<Noise Input>> Dialog

Unter „Block" kann eine weitere Funkt   ion ausgewählt werden, die wiederum auf einen mit
der Maus markierten Bereich im Bildausschnitt angewendet wird.

✍ Cut
   Löschen des Bereiches
✍ Set
   Schwärzen des Bereiches
✍ Snow
   Ersetzen mit zufällig gesetzten Punkten
(siehe hierzu auch Originaldokumentation Kapitel 1.3.7)

Nach Bestätigung durch den Button ‚ OK' sucht das Netz nach dem passenden Bild.

4.8 Netz Output

Das Ergebnis wird in der OUTPUT- Dialogbox (Abb. 11) ausgegeben.

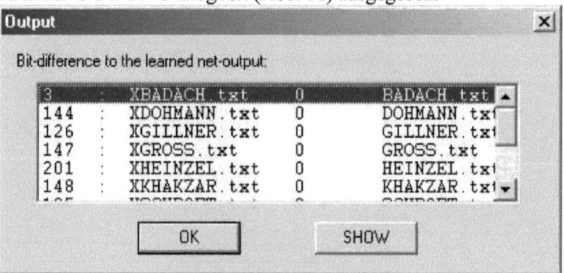

Abb. 11 <<Output>> Dialog

Die Output - Dialogbox gibt den Fehler an, den das　　Ergebnis des Ausführmodus zu den einzelnen Assoziationen hat. In diesem Beispiel sind 144 Punkte, im Vergleich zu dem durch die Datei ‚DOHMANN.txt' repräsentierten Bitvektor aus der 2. Assoziation, falsch. Die geringste Abweichung von 3 Punkten hat die 1.　　Assoziation ‚BADACH.txt'. Das Netz hat das Eingangsbild richtig identifiziert.

Durch Klick auf den　　SHOW- Button kann das komplette Bild im entsprechenden Ansichtsfenster betrachtet werden.

4.9 Ergebnisse

Nachfolgend sind einige Ergebnisse aus Versuchen　　mit zuvor genannten Netz aufgelistet. Die Störungen wurden dabei variiert. Die Einstellungen der Störung erfolgten nach keinem Schema, sondern willkürlich.

Input [*.txt]	Noise %	Art	Operation	Block Bemerkung		Bit- diff.	Output [*.txt]	Bild korrekt?
XBADACH	0	Add	---	---		4	BADACH	ja
XBADACH	50	Add	---	---		37	BADACH	ja
XGROSS	30	Clear	---	---		52	GROSS	ja
XWINZER	50	Clear	---	---		93	DOHMANN	nein
XWINZER	35	Clear	---	---		87	WINZER	ja
XTODTEN	0	---	Cut	¼ ausgeschnitten		65	TODTEN	ja
XHEINZEL	20	Add(E)	Set	¼ geschwärzt		75	HEINZEL	ja
XTARASZO	35	Clear	Cut	½ ausgeschnitten		85	BADACH	nein
XTARASZO	0	---	Cut	½ ausgeschnitten		75	TARASZOW	ja
XKHAKZAR	30	Add	Set	½ geschwärzt		71	KHAKZAR	ja
XDOHMANN	20	Add(E)	Set	¼ geschwärzt		55	DOHMANN	ja
XWARSCH	35	Clear	Cut	½ ausgeschnitten		51	WARSCH	ja
XSCHROET	45	Add	Set	½ geschwärzt		73	SCHROET	ja
XGROSS	50	Add(E)	Set	½ geschwärzt		135	TARASZOW	nein
XGROSS	50	Add(E)	Set	¼ geschwärzt		47	GROSS	ja
XBADACH	55	Add	Cut	½ ausgeschnitten		46	BADACH	ja
XTODTEN	60	Clear	Set	¼ geschwärzt		133	GROSS	nein
XKHAKZAR	60	Add(E)	Cut	¼ ausgeschnitten		72	KHAKZAR	ja

5. Bewertung der Software

In diesem Kapitel werden Teilbereiche der Software　　EYECHECK nach ihrer Leistungsfähigkeit beurteilt. Es sei erwähnt, dass die Software hauptsächlich unt　　er Windows 98/ ME getestet wurde.

5.1 Leistungsumfang

Mit Eyecheck werden dem Benutzer alle Möglichkeiten gegeben, sofort mit dem Programm zu arbeiten. Neben den zusätzlichen DOS   - Programmen zum Konvertieren der Bilder stehen dem Benutzer zwei vorgel   ernte Beispielnetze zur Verfügung. Eigene Netze können ebenfalls gespeichert werden.

Bewertung: sehr gut (1.0)

5.2 Bedienung

Im Folgenden werden die unter Kapitel 3 aufgeführten Punkte bewertet.

5.2.1 Installation

Die benutzergeführte Installation gibt den Benutzer u.a. die Möglichkeit den Installationspfad selbst zu wählen. Negativ muss bewertet werden:

  Fehlende Ressourcenbedarfsanzeige
  Fehlende Ressourcenprüfung
  Keine Installationsanleitung

Bewertung: befriedigend (3.0)

5.2.2 Benutzeroberfläche

Durch den Windows   - Standard ist das Programm leicht zu bedienen. Eine relativ kurze Einarbeitungszeit ist durch die einfache Strukturierung gewährleistet.
Die zahlreichen Dialoge erleichtern das Arbeiten und bieten noch   zusätzliche Kontrollmöglichkeiten für den Benutzer, so können beispielsweise beim Lernen des Netzes die Eingangsbilder durch Betätigen des SHOW Buttons noch einmal eingesehen werden.

Bewertung: sehr gut (1.0)

5.2.3 Menü

Die logische Strukturierung ermög   licht ein einfaches Arbeiten mit dem Programm. Lediglich die Menüoptionen OPEN, SAVE und SAVE AS sind nicht sofort ersichtlich, da sie nur indirekt über die Menüleiste erreichbar sind.

Bewertung: gut (2.0)

5.2.4 Hilfe

Gute Online - Hilfe über die Statusl   eiste. Relativ ausführliche und klar strukturierte Hilfe.
Teilweise ungenaue Angaben zur Benutzung von   EYECHECK. Standardmäßiger Aufruf erfolgt
über das Menü oder Taste F1.
Die Suchfunktion der Hilfe wurde jedoch nicht ihren Anforderungen gerecht!

Bewertung: befriedigend (3.0)

5.2.5 Dokumentation

Die Dokumentation entspricht der Hilfe und ist daher nicht vollständig (siehe 5.2.4).

Bewertung: befriedigend (3.0)

5.3 Zuverlässigkeit der Software

Unter Windows 98/ ME kon   nten keine Probleme in Bezug auf die Stabilität der Software
festgestellt werden. Fehler sind teilweise beim Speichern der Netze aufgetreten, d.h. der
Speichervorgang wurde ohne Fehlermeldung durchgeführt, jedoch konnte das gespeicherte
Netz später nicht   geöffnet werden. Ein weiterer Fehler beim Öffnen äußert sich dadurch, dass
die Pfade zu den TXT   - Dateien neu abgefragt werden. Obwohl die Pfade mehrmals korrekt
ausgewählt wurden, hatte   EYECHECK diese Pfade nicht angenommen. Das Netz konnte somit
nicht korrekt geöffnet werden. Die Fehler traten jedoch unregelmäßig auf.

Bewertung: befriedigend (3.0)

5.4 Interaktivität

Über die Menü - bzw. Symbolleiste im Hauptfenster hat der Benutzer die Möglichkeit das
Single- Step Ansichtsfenster bzw. die Option Verände   rungen der einzelnen Zwischenschritte
farbig darzustellen, zu aktivieren bzw. zu deaktivieren. Des weiteren besteht hier die
Möglichkeit, den NOISE- INPUT ein- bzw. auszuschalten. Das Lernen von Netzen wird durch
entsprechende Dialogboxen unterstützt und   bietet somit dem Benutzer entsprechende
Einstellungen vorzunehmen.

Bewertung: gut (2.0)

5.5 Resultate

(siehe Kapitel 4.9)

Bewertung: gut (2.0)

5.6 Bewertungsübersicht

Nr.	Bezeichnung	Bewertung
1	Leistungsumfang	1.0 (sehr gut)
2	Installation	3.0 (befriedigend)
3	Benutzeroberfläche	1.0 (sehr gut)
4	Menü	2.0 (gut)
5	Hilfe	3.0 (befriedigend)
6	Dokumentation	3.0 (befriedigend)
7	Zuverlässigkeit der Software	3.0 (befriedigend)
8	Interaktivität	2.0 (gut)
9	Resultate	2.0 (gut)
	Gesamtergebnis:	**2.2 (gut)**

6. Zusammenfassung

Bei EYECHECK handelt es sich um ein leistungsfähiges Tool zum Erstellen und Testen von Neuronalen Netzen. Der Leistungsumfang von   EYECHECK ermöglicht es dem Benutzer verschiedene Netze zu erstellen und zu te   sten bzw. die Input   - Bilder programmgerecht zu konvertieren. Die nicht ganz vollständige Dokumentation wird durch die einfache Handhabung bzw. benutzerfreundliche Bedienung gut ergänzt, so dass nach einer kurzen Einarbeitungszeit bereits sehr gute Ergebnis se erzielt werden können.
Für zukünftige Versionen ist es wünschenswert, dass die Hilfe weiter ausgebaut und vor allem eine Suchfunktion implementiert wird.